D0821376

La Estatua de la Libertad

por Jill Braithwaite

Stayton Public Library
515 North First Avenue
Stayton, Oregon 97383

ediciones Lerner • Minneapolis

Para Lauren y Kendra, dos damas que inspiran libertad y orgullo

Traducción al español: copyright © 2006 por ediciones Lerner
Título original: *The Statue of Liberty*
Texto: copyright © 2003 por Lerner Publications Company

Todos los derechos reservados. Protegido por las leyes de derechos de autor internacionales. Se prohíbe la reproducción, almacenamiento en sistemas de recuperación de información y transmisión de este libro, ya sea de manera total o parcial, de cualquier forma y por cualquier medio, ya sea electrónico, mecánico, de fotocopiado, de grabación o de otro tipo, sin la autorización previa por escrito de Lerner Publishing Group, excepto por la inclusión de citas breves en una reseña con reconocimiento de la fuente.

La edición en español fue realizada por un equipo de traductores nativos de español de translations.com, empresa mundial dedicada a la traducción.

ediciones Lerner
Una división de Lerner Publishing Group
241 First Avenue North
Minneapolis, MN 55401 EUA

Dirección de Internet: www.lernerbooks.com

Las palabras en **negrita** están explicadas en un glosario en la página 31.

Braithwaite, Jill.
    [Statue of Liberty. Spanish]
    La Estatua de la Libertad / por Jill Braithwaite.
       p. cm. – (Libros para avanzar)
    ISBN-13: 978-0-8225-3137-1 (pbk. : alk. paper)
    ISBN-10: 0-8225-3137-2 (pbk. : alk. paper)
    1. Statue of Liberty (New York, N.Y.)–Juvenile literature
    2. New York (N.Y.)–Buildings, structures, etc.–Juvenile
    literature. I. Title. II. Series.
    F128.64.L6B7318 2006
    974.7'1–dc22   2005007088

Fabricado en los Estados Unidos de América
1 2 3 4 5 6 – JR – 11 10 09 08 07 06

¿Dónde están paradas estas personas?

Están en el interior de la Estatua de la Libertad. Millones de personas visitan esta enorme **estatua** año tras año.

La Estatua de la Libertad es un famoso **símbolo** estadounidense. La estatua representa la **libertad** y la **oportunidad.**

La estatua es una dama orgullosa. Luce
una toga y una corona.

En una mano, alza una antorcha. En la otra, sostiene una **tablilla.**

En la tablilla está escrita la fecha 4 de julio de 1776. Es el día del nacimiento de los Estados Unidos de América.

Antes, los estadounidenses estaban
gobernados por el rey británico. Lucharon
una guerra por su libertad. Francia ayudó
a los Estados Unidos a ganar la guerra.

Francia y los Estados Unidos comenzaron una amistad. Muchos franceses deseaban honrar a los Estados Unidos con un regalo.

Un artista llamado Frédéric Auguste
Bartholdi tuvo una idea. Los Estados
Unidos era grande. Entonces, construiría
una gran estatua para los estadounidenses.

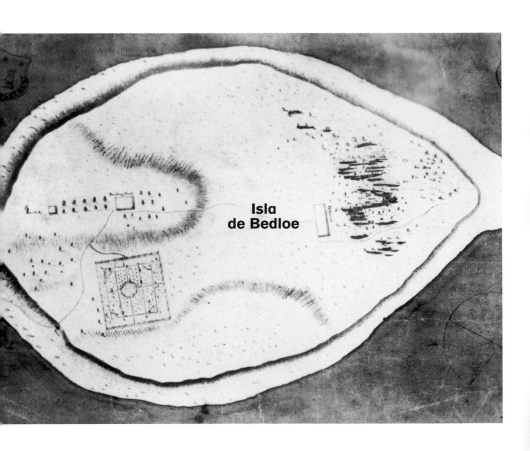

Isla
de Bedloe

Bartholdi encontró el lugar perfecto para la estatua. Era la isla de Bedloe, en el **puerto** de la cuidad de Nueva York.

Los trabajadores comenzaron a construir la estatua en París en 1875.

Forjaron hojas de cobre hasta lograr las formas correctas.

Luego, clavaron las hojas de cobre en un
gran armazón de hierro.

Bartholdi y su equipo terminaron la
estatua en 1884. Luego, la desmontaron
y la enviaron a los Estados Unidos.

Allí la armaron por segunda vez.
Finalmente, estuvo lista en 1886.

Los estadounidenses hicieron una gran
celebración el **28** de octubre de **1886**.
Miles de personas fueron a ver la
orgullosa dama de la libertad.

La Estatua de la Libertad se convirtió en un símbolo de los Estados Unidos.

Representa con orgullo la libertad de los Estados Unidos.

Su brillante antorcha resplandece en el puerto. La antorcha representa la entrega de luz de libertad de los Estados Unidos para el mundo.

A fines del siglo XIX, la Estatua de la Libertad representó algo más. Se convirtió en un símbolo importante para los **inmigrantes.**

Personas de otros países venían a los Estados Unidos. Muchos inmigrantes llegaban en barco al puerto de Nueva York.

La Estatua de la Libertad le dio la bienvenida a millones de inmigrantes. La estatua era un símbolo de su esperanza por una vida mejor.

En la década de 1980, la estatua necesitó
muchos arreglos. Se colocó una nueva
antorcha brillante. Se limpió su piel de
cobre. Se ajustaron sus tornillos.

Las reparaciones se celebraron en 1986, en el primer centenario de la estatua.

La Estatua de la Libertad es famosa en todo el mundo como un gran símbolo de los Estados Unidos. Siempre representará con orgullo la libertad.

Datos sobre La Estatua de la Libertad

La estatua de la Libertad tiene 305 pies (94 metros) de alto.

El dedo índice de la estatua mide ocho pies (2.5 metros) de largo.

Cada ojo es del ancho de una puerta.

Bartholdi usó el rostro de su madre como modelo para el rostro de la estatua.

Cuando desmontaron la estatua para enviarla a los Estados Unidos, sus piezas fueron embaladas en 214 contenedores.

El nombre completo de la estatua es *Libertad que ilumina al mundo.*

En los pies de la estatua, hay cadenas rotas que representan la liberación de los Estados Unidos del gobierno británico.

Una Bienvenida Cálida

En 1883, una estadounidense llamada Emma Lazarus escribió un poema sobre la Estatua de la Libertad. Trata de la bienvenida que brinda la estatua a las personas que buscan una vida mejor y más segura en los Estados Unidos. Una parte del poema está escrito en un letrero en la base de la estatua. Dice:

Emma Lazarus

Dame a las masas cansadas, pobres y hacinadas que anhelan respirar en libertad. El desdichado que rehúsa tu orilla abarrotada. Envía a esos desamparados con la tempestad hacia mí ¡Yo elevo mi lámpara junto a la puerta gloriosa!

Más información acerca de La Estatua de la Libertad

Libros

Drummond, Allan. *Liberty!* Nueva York: Frances Foster Books, 2002.

Rebman, Renee C. *Life on Ellis Island.* San Diego: Lucent Books, 2000.

Ross, Alice and Kent. *The Copper Lady.* Minneapolis: Carolrhoda Books, Inc., 1997.

Whitman, Sylvia. *Immigrant Children.* Minneapolis: Carolrhoda Books, Inc., 2000.

Woodruff, Elvira. *The Memory Coat.* Nueva York: Scholastic Press, 1999.

Sitios Web

The Statue of Liberty National Monument
http://www.nps.gov/stli/

The Ellis Island Official Website
http://www.ellisisland.org/

Visitar la Estatua de la Libertad

Los visitantes de la Estatua de la Libertad en la ciudad de Nueva York toman un bote para llegar a la Isla de la Libertad. El bote también se detiene en la Isla Ellis. Muchos inmigrantes desembarcaron en esta isla antes de entrar a los Estados Unidos.

Glosario

estatua: un modelo de una persona o animal. La mayoría de las estatuas son de piedra, metal, madera o arcilla.

inmigrantes: personas que van a un nuevo país para vivir

libertad: capacidad para actuar, hablar y creer en lo que uno elige

oportunidad: ocasión de hacer algo

puerto: un lugar donde los barcos se dirigen para encontrar refugio o para descargar productos

símbolo: un objeto que representa una idea, un país o una persona

tablilla: un trozo de piedra con un mensaje escrito

Índice

Agradecimientos de fotografías

Las fotografías han sido reproducidas con la autorización de: © Bettmann/CORBIS, págs. 3, 25, 26; © Catherine Gehm, págs. 4, 21; PhotoDisc (Royalty Free), págs. 5, 6, 8, 20; © Richard B. Levine, pág. 7; © North Wind Pictures, págs. 9, 10, 11, 18; © Museo de la Ciudad de Nueva York, págs. 12; © Rare books and Manuscripts Division, Biblioteca Pública de Nueva York, Astor, Lenox & Tilden Foundations, pág. 13; © Miriam and Ira D. Wallach Division of Art, Prints & Photographs, La Biblioteca Pública de Nueva York, Astor, Lenox & Tilden Foundations, pág. 14; Biblioteca del Congreso, pág. 15; © Brown Brothers, págs. 16, 17, 23, 29; Departamento del Interior de los Estados Unidos, Servicio de Parques Nacionales, pág. 19; Servicio de Inmigración y Naturalización de los EE.UU., pág. 22; El Museo de los Marineros/CORBIS, pág. 24; © Bill Ross/CORBIS, pág. 27.

portada: PhotoDisc (Royalty Free)

36558499
8/09 SP JNF Braithwaite

Stayton Public Library
515 North First Avenue
Stayton, Oregon 97383